Y Yo, ¿Qué?

Un Libro Escrito Por y Para El Hermano de Una Persona Autista

Escrito por: Brennan Farmer y Mandy Farmer
Ilustrado Por: Emily Neff
Traducido por: Florinda Gonzalez

ISBN- 10: 0692169997
ISBN- 13: 978-0692169995

Publicado en EE.UU.

Este libro es para todos los hermanos especiales de personas con necesidades especiales.

Mi nombre es Brennan.
Tengo un hermano y una hermana.
Yo amo a mi hermano. Él es un
poco diferente a mí, pero eso está
bien porque lo hace único.
Su cerebro funciona de manera
diferente y algunas cosas son más
difíciles de hacer para él.

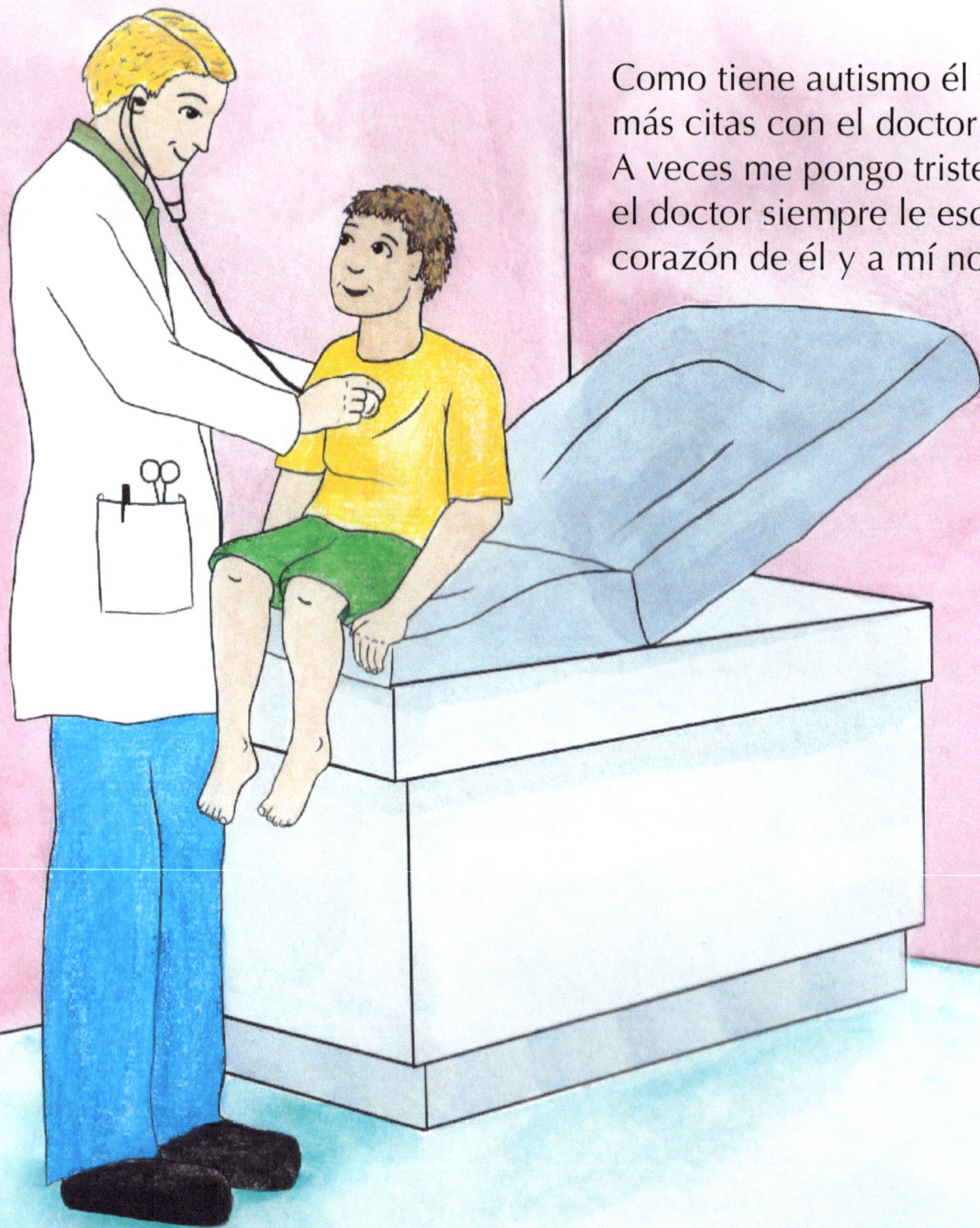

Como tiene autismo él tiene
más citas con el doctor que yo.
A veces me pongo triste que
el doctor siempre le escucha el
corazón de él y a mí no.

Yo me aburro por que la cita se trata solamente de él. La última vez mi mama me trajo libros y un juego. Eso ayudó mucho.

Mi hermano también tiene
muchos amigos adultos que
vienen a la casa a jugar con él.
Ellos se llaman terapeutas.

Parece que están jugando pero
realmente le están enseñando
cosas importantes. Por ejemplo cómo
llevarse bien con otros niños y como
usar sus manos para alimentarse y vestirse.
Estas cosas no son fáciles para él.

A veces tienen que trabajar con él a solas. Esto me hace sentir excluido. Quisiera que alguien viniera a jugar conmigo. Tengo que encontrar otras cosas para hacer mientras jueguen. Usualmente dibujo o construyo con bloques.

Otras veces, me toca jugar con ellos. Y realmente me gustan los juegos que jugamos y sabiendo que estamos enseñando a mí hermano habilidades importantes.

Como mi hermano tiene autismo algunas salidas son difíciles para él. El oye, ve y huele mejor que la mayoría de la gente, pero esto puede hace que los lugares públicos sean muy ruidosos y alumbrados para él. Donde hay mucho ruido se tapa los oídos y llora por que le duele.

Una vez estábamos todos en la feria. Mi hermano se abrumó a causa de todos los sonidos, olores y luces. Nos tuvimos que ir. Esto me hizo enojar mucho. Yo me estaba divirtiendo. Yo no me quería ir y no podía entender por qué a él no se le hacía divertido.

Mi mama dijo que mi hermano no aguanta un lugar tan ocupado y que era doloroso para él. Yo no quería que tuviera dolor, pero aun así estaba triste porque no podíamos disfrutar la feria juntos.

Aunque algunas salidas son demasiado para mi hermano, hemos encontrado actividades que le gustan mucho y que podemos hacer juntos. A él le gustan los museos y los acuarios. Creo que le gustan porque son lugares más callados, pero a mí también me gustan. Estoy feliz de haber encontrado actividades que podemos hacer en familia.

Mi mamá y mi papá saben
que es importante para mí
seguir haciendo las cosas
que molestan a mi hermano.
Así que a veces me llevan
solamente a mí a una salida.
Salimos a cenar y al cine o a
jugar al salón recreativo de
videojuegos. Esto me hace
sentir muy especial. Me
encanta tener a mi mamá
y mi papá solo para mí
por una noche.

Mi hermano tiene muchas
citas cada semana. Él puede
ir a jugar en cuartos grandes
con columpios y escaleras.
Esto ayuda a que su cuerpo
se sienta compensado.
A esto se le llama entrada
sensorial. Antes me sentía
celoso por que él juega en
esas cosas mientras yo
espero en la sala
de espera.

Ahora, tengo amigos en la sala de espera y me gusta jugar también. Leo con mis amigos o jugamos con juguetes, Hace que el tiempo pase rápido mientras mi hermano recibe la entrada sensorial que necesita.

Me gusta jugar con mi hermano, pero a veces
batalla con sus emociones. Está aprendiendo como
compartir y jugar con otros niños sin enfadarse.
Me siento triste cuando él no comparte o juega
conmigo. A veces me hace enojar mucho cuando
me quita algo de las manos o me pega y mi mamá
me dice que me aleje de la situación.

Mi hermano tiene reglas, pero son diferente a las mías. Eso para mí es difícil de entender.
Mi mamá me explicó que mi hermano no entiende reglas de la misma forma que yo y eso es lo que estamos tratando de enseñarle.
Estoy aprendiendo que solo debo seguir mis reglas y dejar que mi mamá se preocupe por las reglas de mi hermano. Pero algunos días todavía es difícil.

Todos somos más felices cuando estamos jugando afuera.
A pesar de que nos gusta fingir cosas diferentes, nos podemos
divertir jugando juntos. Mi hermano está aprendiendo a
tomar turnos cuando jugamos. Sus terapeutas le han
enseñado que todos somos más felices cuando tomamos
turnos. A mí me gusta fingir que estoy en el Titanic.
A mi hermano le gusta hacer de cuenta que está
desenterrando huesos de dinosaurio.
Los dos son juegos muy divertidos.

A veces a mi hermano se le dificulta controlar como actúa cuando está triste o enojado. Sus terapeutas a eso le llaman regulación emocional. Él no tiene la culpa que esto se le dificulte, pero me siento triste cuando me avienta cosas o me quiere lastimar. A mí no me gusta escuchar sus gritos. Está bien que esto me molesta.

Voy a mi habitación mientras mi mamá ayuda
a mi hermano resolver lo que le está molestando.
Me entristece que mi mamá no siempre me puede
prestar la misma atención a mí que le presta a él.
A veces mi mamá también llora. No me gusta verla
llorar, pero me deja saber que está bien llorar
cuando las cosas se ponen difíciles.

A fin de cuentas todos estamos juntos en esto y haremos lo que sea necesario para ayudar a mi hermano. Él es un chico bastante genial. Él es mi mejor amigo y siempre voya cuidar de él.

Él me ha enseñado mucho sobre los dinosaurios.
Me gusta ver películas de dinosaurios
con él porque lo hacen feliz.
Y eso a mí me hace feliz.

Ser el hermano de alguien con autismo no siempre es fácil. Mi mamá me hizo un cuarto especial con cerradura en la puerta para tener tiempo a solas cuando lo necesito.

Es ha ayudado mucho.

Mi otra actividad favorita es jugar juegos en la computadora. A veces mi hermano me observa mientras juego en la computadora y sé que le gusta y eso me hace feliz.

Yo soy un hermano de alguien con necesidades especiales. Algunas personas dicen que soy típico, pero yo creo que soy todo, menos típico.

Mi hermano es muy especial, pero yo también soy muy especial.

www.ingramcontent.com/pod-product-compliance
Lightning Source LLC
LaVergne TN
LVHW072100070426
835508LV00002B/185